DISCOURS

ADRESSÉ

À SON EXCELLENCE

MONSIEUR BARTHELEMY,

AMBASSADEUR

DE LA

RÉPUBLIQUE FRANÇAISE EN SUISSE,

PAR

MONSIEUR LE CHANCELIER OCHS,

EN PRÉSENCE

DU CONSEIL SECRET

ET AU NOM

DE L'ÉTAT DE BASLE,

le 22 Janvier 1795.

Votre Excellence!

Il faut une Suiſſe à la France, & une France à la Suiſſe. C'eſt ainſi que s'eſt énoncé envers nous un des repréſentans de l'illuſtre République françaiſe, & c'eſt à ce principe, marqué au coin d'une ſolide politique, que les deux nations ont dû dès long-tems une grande partie de leurs ſuccès & de leur proſpérité. Il eſt en effet permis de ſuppoſer que ſans la confédération helvétique, les débris des anciens royaumes de Lorraine, de Bourgogne

& d'Arles n'euſſent point été réunis à la domination françaiſe ; & il eſt difficile de croire que ſans la puiſſante diverſion & l'intervention décidée de la France, on ne fut pas enfin parvenu à étouffer la liberté helvétique dans ſon adoleſcence, ou à faire rétrograder les deſtinées de notre exiſtence politique.

Cependant jamais peut-être la vérité de ce principe ſalutaire ne ſe manifeſta avec plus d'évidence que dans le cours des événemens mémorables dont nous ſommes, depuis pluſieurs années, les paiſibles ſpectateurs. Mais c'eſt à l'hiſtoire qu'il appartient de révéler un jour à l'impartiale poſtérité les rapports réciproques de cauſe & d'effet qui ſubſiſtèrent entre ces événemens, notre neutralité & notre conſervation. On admirera peut-être un jour ce ſentiment de juſtice naturelle, qui nous faiſant abhorrer toute influence étrangère dans le choix des modifications de nos formes de gouvernement, nous interdiſoit par-là même de nous ériger en juges du mode d'adminiſtration publique de tout Etat quelconque. Nos pères n'ont cenſuré ni les grands feudataires de l'Empire germanique d'avoir ravalé la puiſſance impériale, ni l'autorité royale en France, d'y avoir comprimé les grands feudataires. Ils ont vû ſucceſſivement les Etats généraux repréſenter la Nation françaiſe, les Richelieu & Mazarin ſe ſaiſir du pouvoir abſolu, Louis XIV déployer à lui ſeul la puiſſance entière de la Nation, & les parlemens prétendre partager, au nom du peuple, l'autorité publique. Mais jamais on ne les entendit d'une voix téméraire s'arroger le droit de rappeller le gouvernement français à telle ou telle période de ſon hiſtoire. Leur vœu fut le bonheur de la France, leur eſpoir ſon unité, & leur appui l'intégrité de ſon territoire.

Cependant, quel que fût toujours le penchant des Suiſſes à marcher ſur les traces des fondateurs & conſervateurs de leur liberté, il faut en convenir, plus d'une fois on a craint, dans ces tems de paſſions exaltées, de les voir s'écarter d'une route auſſi sûre, & s'ils ont échappé à ce funeſte danger, l'opinion publique, quoique vacillante & diviſée ſur tant de points, ſe réunit pour en attribuer l'honneur à Votre Excellence, & aux fidèles & zélés compagnons de ſes importans travaux.

Allier l'aménité de caractère, la franchiſe de la probité, & la modeſtie du vrai mérite, à la fermeté de l'homme public, jaloux de la dignité de ſa place & de l'honneur de ſa patrie; concilier une ſage temporiſation avec l'active rapidité des événemens, & les égards dus à nos rapports multipliés avec les droits d'un peuple regénéré, qui ſent plus que jamais ce que vaut ſon alliance; prévenir les inſinuations perfides ou éxagérées, ſoit de la malveillance & de l'intrigue, ſoit d'un patriotiſme aveugle ou inconſidéré; adoucir par l'eſpoir des dédommagemens que promet la juſtice confédérale, le ſentiment des ſacrifices de tout genre contre leſquels des traités publics, ou des actes autentiques ſembloient devoir prémunir: Tel eſt l'art ſublime que Votre Excellence a déployé dans ſon Miniſtère, pour maintenir la paix, lever tous les obſtacles, calmer les reſſentimens, rehauſſer les eſpérances, & ſerrer de plus près les Magiſtrats pûrs & ſans tache, autour d'un ſeul point de ralliement, la ſcrupuleuſe obſervation d'une franche neutralité.

Heureux de devenir les témoins habituels de vertus auſſi chères à tous les cœurs, le Conſeil ſecret de la Ville & Canton de Bâle, au nom de Nos Seigneurs Bourguemaitre & Conſeil de cette République, a l'honneur de prier Votre Excellence de vouloir bien agréer favorablement les aſſurances du reſpectueux dévouement & de l'empreſſement bien vif à prévenir ſes déſirs, dont chacun de nous eſt ſincèrement animé. Le ſéjour de Votre Excellence en notre ville annonce une confiance dont nous ſentons tout le prix. Ce fut ſous les murs de Bâle que ſe formèrent, il y a 350 ans, les premiers nœuds qui unirent nos deſtinées à celles de la France; & c'eſt dans les murs de Bâle qu'en ce moment, pour la première fois, les deux Républiques s'abandonnent ſolemnellement aux épanchemens d'une douce fraternité. S'il eſt permis d'ajouter foi aux rapports conſolans de l'incertaine renommée, un autre rapprochement des anciens tems & des notres ſe préſente à tous les eſprits. Ce fut auſſi dans les murs de Bâle que ſe conclut cette paix célèbre qui termina la dernière lutte ſanglante qu'eurent à ſoutenir les Suiſſes pour la cauſe ſacrée de leur indépendance. Puiſſe une paix de ce genre ajouter bientôt à la gloire de notre patrie! Par une fatalité qui confond la raiſon humaine, il fallut toujours que la guerre fondat la liberté. Mais c'eſt la paix qui la conſolide par le vrai développement de ſon énergie; c'eſt la paix qui l'ennoblit par l'exercice des vertus, c'eſt la paix qui l'embellit par le charme de tous les arts, & qui la fait adorer des ames ſenſibles & généreuſes. Qu'il eſt beau de préſenter l'olivier de la paix, quand on a le front ceint des lauriers de la victoire! La modération dans le vainqueur enchaine la fortune à ſon char, & la force de l'ennemi eſt moins rédoutable que le déſespoir du vaincu. Mais l'importance d'auſſi grands intérêts nous entraine au-delà des bornes de notre miſſion. Qu'il nous ſoit encore permis de demander à Votre Excellence la précieuſe continuation de ſes bontés & de ſa bienveillance, ainſi que ſa puiſſante intervention dans toutes les réclamations fondées, que cet Etat ou ſes citoyens pourroient être dans le cas d'adreſſer aux Autorités ſuprêmes de l'illuſtre Rèpublique françaiſe.

RÉPONSE
DE L'AMBASSADEUR
DE LA
RÉPUBLIQUE FRANÇAISE EN SUISSE
AU
CONSEIL SECRET
DE L'ÉTAT DE BASLE.

MAGNIFIQUES SEIGNEURS!

JE reçois avec d'autant plus de reconnoissance & de sensibilité l'expression des sentimens que vous voulez bien m'accorder, que j'ai déjà l'habitude de votre bienveillante amitié à mon égard, de même que je me flatte que vous avez celle de mon desir de vous servir & de ma constante sollicitude pour vos intérêts. Elle va être encore plus animée, Magnifiques Seigneurs, par le séjour que je viens faire dans votre ville. Plus je suis rapproché de vous, plus je chercherai à attirer sur votre Etat les regards de la République française.

Depuis que j'habite dans votre patrie, des circonstances singulièrement difficiles ont circonvenu le louable Corps helvétique : mais la profonde sagesse qui a caractérisé tous ses pas, lui a fait surmonter jusqu'ici ces mêmes difficultés, & certainement en persévérant dans ses principes, il continuera à jouir du calme de la paix, jusqu'à l'époque heureuse qui devra la rendre à l'univers ; & il y arrivera avec les bénédictions de l'estimable peuple qu'il régit, avec la confiance & la juste considération de la Nation françaiſe & de toute l'Europe, & avec la certitude que la poſtérité admirera la conduite qu'il a tenue dans ces tems critiques, où tant de moyens ont été mis en œuvre pour faire ſortir les Cantons des maximes dont ils ont hérité de leurs ançêtres, & dont la ſageſſe eſt confirmée par l'expérience des ſiècles. Votre Etat aura d'autant plus de droits à partager ce triomphe, qu'il a non ſeulement partagé avec ſes Co-alliés tous les dangers de l'époque préſente, mais qu'il a encore été expoſé à des inquiétudes particulières. Il doit être bien ſûr d'avoir acquis avec eux des titres ineffaçables à la continuation de l'amitié de la République françaiſe. Je m'eſtime très-heureux, Magnifiques Seigneurs, d'en être dans ce moment-ci l'organe auprès de vous & de pouvoir tranſmettre au comité de Salut public de la Convention nationale, les expref-fions de votre dévouement confédéral & les vœux que vous formez pour la profpérité du peuple français, qui fera toujours votre plus fidèle allié.

www.ingramcontent.com/pod-product-compliance
Lightning Source LLC
LaVergne TN
LVHW010335230826
846091LV00009B/3874

* 9 7 8 2 0 1 4 0 9 0 5 8 1 *